AF596708

LES

CONSOLATIONS

CHEZ

LES GRECS ET LES ROMAINS

THÈSE

PUBLIQUEMENT SOUTENUE

DEVANT LA FACULTÉ de THÉOLOGIE PROTESTANTE de MONTAUBAN

En juillet 1887

PAR

ÉDOUARD BOYER

BACHELIER ÈS LETTRES

POUR OBTENIR LE GRADE DE BACHELIER EN THÉOLOGIE

MONTAUBAN

IMPRIMERIE ADMINISTRATIVE ET COMMERCIALE J. GRANIÉ

14, Avenue Gambetta, 14

1887

RÉPUBLIQUE FRANÇAISE

UNIVERSITÉ DE FRANCE

Académie de Toulouse

FACULTÉ DE THÉOLOGIE PROTESTANTE DE MONTAUBAN

PROFESSEURS

MM.

Bois, ❊, Doyen,	*Morale et éloquence sacrée.*
Pédézert, ❊,	*Littérature grecque et latine.*
Monod, ❊,	*Dogmatique.*
Bruston,	*Hébreu et critique de l'A.-T.*
Wabnitz,	*Exégèse et critique du N.-T.*
Doumergue,	*Histoire ecclésiastique.*
N***,	*Philosophie.*
Allier, chargé du cours	
Leenhardt, prof. adjoint,	*Sciences naturelles.*
Molinier, chargé d'un cours d'	*Histoire et de Littérature.*

EXAMINATEURS

MM. PÉDÉZERT, ❊, *Président de la soutenance.*
WABNITZ,
DOUMERGUE,
MONOD, ❊.

La Faculté ne prétend approuver ni désapprouver les opinions particulières du Candidat.

A LA MÉMOIRE DE MON PÈRE

A MA MÈRE

AFFECTION ET RECONNAISSANCE

É. B.

LES CONSOLATIONS

CHEZ

LES GRECS ET LES ROMAINS

INTRODUCTION

Ce n'est pas d'hier que l'homme a essayé pour la première fois de résoudre le grand problème de la douleur. Ce n'est pas d'hier surtout que, renonçant à comprendre par lui-même et sans autre secours que celui de sa faiblesse, pourquoi elle l'accompagne, importune et redoutable, du berceau jusqu'à la tombe, il s'est demandé s'il est possible de lui résister avec quelque espoir de succès. Pouvons-nous triompher de la souffrance morale ? Y a-t-il contre elle des remèdes efficaces, assez énergiques tout au moins pour la calmer, pour en adoucir l'amertume ? Y a-t-il, en un mot, une médecine morale ? Il nous a semblé qu'il ne serait pas sans intérêt, ni même sans un certain profit apologétique, de rechercher les réponses que les penseurs de la Grèce et de Rome ont faites à cette question poignante, aussi ancienne dans notre pauvre humanité que la douleur elle-même, d'examiner ce que ces penseurs dont la sagesse, la pénétration nous étonnent et nous confondent, ont offert de plus acceptable, en fait de consolations, aux âmes abattues par l'épreuve.

Notre intention n'est pas, cela va sans dire, de nous occuper de tous les auteurs qui ont touché à ce grand sujet. Ce serait entreprendre une tâche au-dessus de nos forces. Nous voulons simplement nous adresser aux plus connus, à ceux qui faisaient autorité, et tout particulièrement aux philosophes dont il nous reste des écrits sur la Consolation. D'ailleurs, étudier leur pensée sur ce point, c'est en quelque mesure étudier la pensée de toute l'antiquité. Ils ne tirent pas tous leurs arguments de leur propre fonds, mais ils se sont largement servis de ceux qu'on employait avant eux. Nous pouvons ajouter que s'il y a beaucoup de consolateurs, il y a fort peu de consolations. C'est en vain qu'ils s'efforcent, les uns et les autres, de dire quelque chose de plus nouveau et de plus efficace que ce qui a été dit par leurs devanciers ; ils ne font guère que répéter les arguments déjà connus. La forme seule varie. Le sujet que nous abordons est donc bien moins vaste qu'on ne pourrait le croire à première vue.

Notre plan est des plus simples. Dans une première partie, nous exposerons, en les classant d'après les douleurs auxquelles on les appliquait, les principaux moyens de consolation proposés par les philosophes.

Dans une seconde partie, nous essaierons, tout en rendant hommage à ce qu'il y eut de bienfaisant et de salutaire dans ces consolations, de faire ressortir leur insuffisance, et par là même la nécessité d'une consolation supérieure, d'un secours divin.

Enfin, nous conclurons brièvement en montrant que cette consolation vraiment efficace se trouve dans l'Evangile, et ne peut se trouver que dans l'Evangile seul.

I

Au temps de Cicéron, c'est lui-même qui nous l'apprend (1), les ouvrages sur la Consolation n'étaient point chose rare, et la plupart dataient même de fort longtemps. De bonne heure, en effet, les philosophes voulurent essayer le pouvoir de leurs doctrines sur les afflictions. C'était bien à la philosophie, qui se piquait de tout connaître, d'expliquer toutes les choses divines et humaines, qui avait la prétention de pénétrer tout l'homme, de soumettre à une analyse minutieuse ses sentiments et ses passions, c'était bien à elle, disons-nous, qu'incombait le devoir d'examiner de près le plus redoutable des désordres de son âme, la douleur. On sait que sous l'empire les grands de Rome attachaient à leur maison un philosophe dont les attributions consistaient à diriger, à conseiller, à former la famille à la vertu, mais aussi et surtout à l'assister dans ses épreuves, à lui

(1) *Tusculanes*, III, 34.

offrir des consolations, à exhorter les mourants (1).

Ces nombreux traités ne nous sont pas parvenus. Nous n'avons plus comme exemples de ce genre littéraire que des écrits postérieurs. Heureusement les auteurs de ces écrits sont deux écrivains illustres : Sénèque et Plutarque. On peut affirmer, sans craindre de se tromper, que sur ce sujet comme sur une foule d'autres, ils nous ont conservé le meilleur de la sagesse antique. Sur le même rang, nous pouvons placer Cicéron. Il avait, lui aussi, composé une *Consolation*. Nous ne l'avons pas, mais nous la connaissons assez bien par les allusions qu'il y fait dans les *Tusculanes* et dans ses lettres. Les *Tusculanes* ne sont au fond pas autre chose qu'un traité de consolation. Le but de l'auteur est, en effet, de prouver à l'homme que, malgré les sujets d'affliction qu'il peut avoir, il ne tient qu'à lui d'être heureux ici-bas. Quant à sa correspondance, elle est riche en épîtres *consolatoires*. Pour toutes ces raisons, nous n'hésiterons pas à interroger fréquemment ce grand philosophe.

On peut dès l'abord ranger sous trois chefs principaux les afflictions que les anciens avaient le plus à redouter : la souffrance physique, c'est-à-dire la maladie, les infirmités avec ce cortège de misères qui les accompagnent ordinairement, qui les rendent encore plus intolérables ; les douleurs causées par l'exil ; les douleurs causées par la mort. Cette division, nous n'avons pas à la chercher bien loin. Elle s'im-

(1) Ainsi le philosophe Areus console Livie de la mort de son fils Drusus ; le philosophe Démétrius soutient Thraséas à ses derniers moments, etc.

pose tout naturellement à nous, car les consolateurs ont porté leur principal effort sur ces trois catégories de douleurs. Voyons quels remèdes ils ont employés pour les combattre.

§ 1. — Souffrance physique.

Tout le monde sait, par expérience, quelle influence fâcheuse exerce bien souvent la souffrance physique sur notre état moral. La maladie aigrit facilement les hommes, même ceux qui nous plaisent par leur caractère agréable quand ils sont en bonne santé. Pour peu que la souffrance nous aiguillonne, nous devenons sombres et moroses, et il n'est pas rare que notre esprit soit plus malade que notre corps. L'inaction forcée, les élancements de la douleur, la vue des gens bien portants, tout nous pousse à la tristesse, au murmure, au découragement. Que faire alors? Avoir recours à la médecine, la supplier de tempérer la violence du mal? Sans doute, mais il est des cas où les remèdes qu'elle nous offre ne suffisent pas : bien souvent ils n'opèrent qu'à la longue ; il y a des infirmités contre lesquelles ils ne peuvent absolument rien, ou dont ils ne sauraient nous délivrer radicalement. Il nous faut donc quelque chose de mieux que des remèdes purement physiques, quelque chose qui nous relève de notre affaissement moral, en nous réconciliant au milieu de la souffrance avec la souffrance. Les anciens l'avaient bien compris. Aussi eurent-ils bientôt, pour les douleurs physiques, toute une *pharmacie* morale. « Nous avons, dit Cicéron (1), d'excellents ouvrages pour consoler ceux qui sont devenus aveugles ou perclus et pour toutes les calamités. Les Grecs en ont fait des traités séparés, divisés par questions. La philosophie a pour chaque affliction des remèdes spéciaux... » Poussés par une louable philanthropie, ils n'oubliaient personne. Tous pouvaient puiser à cette source bienfaisante. Cicéron, qui connaissait ces traités, nous a conservé, dans sa cinquième Tusculane, un curieux échantillon de ce qu'ils renfermaient. C'en est assez pour nous permettre de les juger.

Vous avez perdu la vue! Mais l'âme jouit d'assez d'autres plaisirs sans celui de la vue. Pour le sage, vivre c'est méditer; la nuit n'empêche pas qu'on ne soit heureux. Que de magistrats ont pu, malgré leur cécité, remplir les plus hautes fonctions dans la République! Démocrite et le grand Homère n'étaient-ils pas aveugles? — Et la surdité, est-ce un bien grand mal? Nous sommes comme des sourds à l'égard d'une infinité de langues. Un sourd est privé du plaisir d'entendre un bon musicien. Mais que de compensations! il n'entend pas le bruit importun d'une scie qu'on aiguise, ni les grognements d'un pourceau qu'on égorge : les mugissements des flots ne l'empêchent pas de dormir. D'ailleurs, avant l'invention de la musique, beaucoup de sages vivaient heureux.

(1) *Tusc.*, III, 34.

Et l'on trouve beaucoup plus de plaisir à lire des vers qu'à les entendre chanter. Un sourd peut se consoler par le plaisir de la vue. Mais allons plus loin ; mettons les choses au pire; on pourrait, en effet, objecter que tous les maux pris à part peuvent être tolérables, et ne le sont plus réunis chez un seul homme. Vous êtes sourd, aveugle, vous éprouvez les plus vives douleurs. Eh bien ! une mort prompte vous délivrera. La mort est un éternel abri contre les souffrances, *aeternum nihil sentiendi receptaculum*. Si vous ne pouvez supporter les attaques de la fortune, quittez le champ de bataille (1).

Tel était le fond de ces consolations. Il nous semble inutile d'y insister davantage. Nous ne parlerons pas de ces stoïciens fiers et rigides qui nient la douleur physique aussi bien que la douleur morale, pour lesquels la nature a fait tout bien, même les difformités et les plaies dont elle nous couvre. Nous trouvons dans Sénèque des raisons analogues à celles de Cicéron, mais il en a aussi d'un ordre plus relevé. Dans une lettre à Lucilius, sur les *Maladies* (2), il raconte à son ami que souvent, vaincu par le mal, il a eu la tentation de mettre fin violemment à sa vie. Des consolations honnêtes, ajoute-t-il, se changent en remèdes, et tout ce qui relève l'âme fortifie le corps. Il compte au nombre des meilleures consolations ses études, la philosophie et l'affection de ses amis. La maladie est souvent accompagnée de souffrances très vives ; mais les intervalles les rendent

(1) *Tusc.*, v, 38, 41, passim.
(2) *Ad Lucilium*, ep. 78.

supportables. On ne peut souffrir beaucoup et longtemps. On a donc pour consolation, au milieu des grandes souffrances, la certitude qu'on cessera bientôt de les sentir, si elles se font sentir trop vivement. — Ce n'est là qu'une reproduction de la maxime favorite (1) d'Epicure : Si ta douleur est vive, elle sera courte ; elle sera légère, si elle est longue. Ce qui rend les sots malheureux, au milieu des souffrances physiques, c'est qu'ils ne se sont pas habitués à tenir compte de l'âme, trop occupés qu'ils étaient du corps. D'ailleurs, tout dépend de l'opinion : on n'est malheureux qu'autant qu'on le croit. Il est utile aussi de donner une autre direction à sa pensée en la détournant de sa douleur, de considérer les beaux côtés de notre vie. Il nous reste d'ailleurs toujours les plaisirs de l'âme.

§. 2. — L'exil.

C'est surtout dans Sénèque que nous trouvons des remèdes contre les misères de l'exil. Les anciens n'imaginaient guère de châtiment plus cruel que celui de chasser l'homme de sa patrie. C'était une grande douleur pour les bannis qui se voyaient ainsi brusquement arrachés au sol natal et à leurs affections ; c'était une grande douleur pour leurs parents et pour

(1) *Epicuream cantilenam* (*Ad Lucil.*, 24).

leurs amis, car elle les condamnait à pleurer des vivants *(lugere vivos)* (1). Le beau traité de Consolation adressé à Helvia roule tout entier sur ce sujet. Exilé en Corse, Sénèque songe à la douleur de sa mère, veuve et privée de sa société, et il lui écrit pour la persuader qu'il n'est pas malheureux, et la rassurer sur son sort. Un exilé consolant autrui de son propre malheur, c'était une chose sans exemple jusque-là, comme il le dit lui-même (2). Aussi cet ouvrage est-il plein d'intérêt pour nous. Quelles sont les raisons que va faire valoir contre les douleurs de l'exil le grand philosophe condamné à cette rude épreuve? Sénèque commence par rappeler à sa mère toutes les afflictions précédentes qui ont fondu sur elle. Après avoir supporté tant de maux avec constance, ne supporterait-elle pas courageusement ce dernier? Et il s'efforce de lui présenter l'exil sous de riantes couleurs. Il n'est point malheureux, car il a prévu tous les coups du sort. Le malheur ne l'a point frappé à l'improviste. Vous vous affligez à cause de moi, mais voyez vous-même : les misères qui accompagnent l'exil sont-elles si redoutables? On estime d'ordinaire que la plus cruelle est le changement de lieu. Mais, si l'on y regarde de près, changer de pays n'est rien de bien effrayant pour l'homme. Au contraire, il a un penchant irrésistible à se déplacer, un tempérament fort cosmopolite. Vous n'avez qu'à songer à ces fréquentes émigrations de peuples qui ne sont au fond autre chose que des exils publics. Et d'ailleurs quitte-

(1) *Consolatio ad Helviam*, 2.
(2) *Ad Helviam*, 1.

t-on une nature pour une autre? N'est-ce pas partout le même spectacle enchanteur qui se déroule sous nos yeux, et pourvu que je voie ces astres magnifiques, le soleil, la lune, les étoiles, que m'importe le sol que je foule? La patrie du sage est partout sous le ciel, *omnem locum sapienti viro patriam esse* (1). Partout le banni emporte sa vertu avec lui.

Plutarque, dans son traité *De l'exil,* n'emploie pas d'autres arguments : la patrie, dit-il, n'est pas quelque chose de naturel (φύσει οὐκ ἔστι πατρίς), et il en appelle à Platon, qui dit que l'homme n'est pas une plante immobile (ἀκίνητον), mais céleste (οὐράνιον), et à Socrate, qui déclarait n'être ni Athénien ni Grec, mais citoyen du monde (κόσμιος). Nul ne doit donc s'estimer banni là où il trouve le même feu, le même air, la même eau, le même soleil, la même lune que dans le pays qu'il a quitté (2). L'exil est si peu un mal qu'aujourd'hui on voit des hommes, qui comptent parmi les plus illustres et les plus distingués, quitter volontairement leur patrie pour fuir les soucis et les occupations qui les y accablent (3). — Ecoutons encore Cicéron (4) : « ... Que nous restera-t-il à craindre? Sera-ce l'exil qu'on met au rang des plus grands maux?... Mais si c'est un malheur d'être éloigné de sa patrie, nos provinces sont pleines de malheureux, car la plupart de ceux qui s'y établissent ne revoient guère le lieu de leur naissance. Que de sages ont passé

(1) *Ad Helviam,* 9.
(2) Ed. Didot, *De l'Exil,* 5.
(3) *De l'Exil,* 14.
(4) *Tusc.*, V, 37.

leur vie à voyager ! L'exil n'est autre chose qu'un long voyage. Que d'autres, une fois sortis de leur patrie, n'y sont jamais rentrés ! »

Un second inconvénient de l'exil, continue Sénèque, est la pauvreté. Mais est-ce véritablement un mal pour celui dont les goûts sont modestes et simples, pour celui qui sait se préserver des extravagances du luxe et de la cupidité ? Il faut si peu de chose pour l'entretien de l'homme. Il n'y a pas un lieu si stérile qu'il ne fournisse abondamment à la subsistance d'un banni. C'est l'âme qui fait la richesse. La fortune lui est indifférente. Le corps, prison et lien de l'âme, est agité en tous sens ; mais l'âme est sacrée, éternelle, nul bras ne saurait l'atteindre. Et ne croyez pas que je m'adresse seulement aux sages. Observez ce qui se passe sous vos yeux. Les pauvres, qui forment la plus grande partie de l'humanité, sont-ils les plus tristes des hommes ? Pas le moins du monde. Que de fois dans la vie les riches ne ressemblent-ils pas aux pauvres ? A la guerre, en voyage, ne sont-ils pas obligés de se priver de beaucoup de choses ? Peuvent-ils tout porter avec eux ? Pour moi, quand j'envisage les exemples de l'antiquité, je rougis de chercher des consolations contre la pauvreté (*paupertatis uti solatiis pudet*) (1). Les grands hommes étaient pauvres. Autrefois, celui qui se trouve pauvre de nos jours eût été compté parmi les riches.

L'ignominie, le mépris rendent l'exil insupportable, dit-on encore. Mais l'homme qui est honnête, qui se

(1) *Ad Helviam*, 12.

respecte lui-même, est partout respecté. Un grand homme qui tombe est encore grand après sa chute (*Si magnus vir cecidit, magnus jacuit*) (1). — « De quelle ignominie, lisons-nous dans Cicéron, peut être accompagné l'exil du sage, puisqu'il n'est jamais exilé qu'injustement (2)? »

Sénèque, suivant en cela une marche très habile, s'est attaché à montrer à sa mère qu'il n'est pas à plaindre. Il lui a énuméré d'un ton dégagé, avec un certain enjouement, les misères de l'exil, en lui soutenant qu'elles n'en sont pas réellement. Maintenant qu'Helvia doit être rassurée sur le sort de son fils, il aborde un point plus délicat. Il passe aux motifs personnels qu'elle peut avoir de s'affliger outre mesure. Et ici il est moins tranchant, moins affirmatif, cela se conçoit. Il ne veut pas froisser un sentiment bien naturel, la tendresse maternelle. Regrettez-vous en moi un appui? Non, car vous n'aimez pas les vôtres par intérêt. Toutes mes consolations doivent donc se tourner vers ce qui rend votre douleur si vive (*vera vis materni doloris*) (3) : mon absence. Vous êtes privée des embrassements d'un fils bien-aimé. Armez-vous de courage : vous avez affaire à un ennemi bien connu. Ne vous retranchez pas derrière la faiblesse de votre sexe pour justifier votre chagrin. Vous n'êtes pas une femme ordinaire : la douleur ne vous est pas permise. Vous saurez modérer ou étouffer votre affliction. C'est difficile, j'en conviens;

(1) *Ad Helviam*, 13.
(2) *Tusc.*, V, 37.
(3) *Ad Helviam*, 15.

la douleur est opiniâtre ; elle résiste aux remèdes. Je ne vous dis pas de vous distraire dans les jeux, les spectacles, les voyages, mieux vaut vaincre la douleur que la tromper *(vincere quam fallere)*. Mais ayez recours à la philosophie, ce refuge de tous ceux qui fuient la fortune : c'est le rempart le plus sûr. D'ailleurs, si vous êtes privée de ma société, n'oubliez pas que vous avez des compensations : il vous reste des enfants, des petits-enfants, une sœur, tous dignes de votre affection (1).

§ 3. — La mort.

Nous voici parvenu à la question qui a fait de tout temps la préoccupation constante de l'homme. Comment vaincre les douleurs qui nous viennent de la mort ? A côté de ces douleurs-là, toutes les autres sont bien légères et ne comptent presque pas. Ce ne sont, en somme, que des accidents qui nous laissent en général l'espérance : l'exil n'atteignait pas tout le monde ; la souffrance physique est le plus souvent passagère ; le retour de l'exilé au foyer qu'il aime lui fait oublier tous ses maux passés ; la santé nous console de la maladie ; le bonheur de renaître à la vie efface de notre mémoire tout ce que nous avons

(1) *Ad Helviam*, 16-17.

souffert. Mais la mort est toujours là, menaçante, suspendue sur nos têtes ; la mort n'oublie personne ; la mort c'est le grand niveleur. Aussi ne faut-il pas s'étonner si les anciens lui préféraient les plus grandes douleurs physiques, et frissonnaient d'horreur devant ce terrible ennemi. Cette crainte de la mort, nous la trouvons vivement exprimée pendant la période homérique. C'est bien alors la douleur qui survit à toutes les autres, le grand épouvantail. Dans Homère, aux yeux de ses héros, la vie véritable est celle du corps. Les morts sont les malheureux : ombres flottantes, ils errent désolés sur les tristes rivages des enfers. Pour s'en convaincre, on n'a qu'à se rappeler ces mots bien significatifs qui reviennent souvent dans l'*Iliade* comme un refrain lugubre : « Son âme descend au séjour de Pluton, regrettant sa force et sa jeunesse. » On sait aussi la réponse qu'Achille fit à Ulysse, lorsque celui-ci, visitant les enfers, le félicitait de commander aux morts lui que les vivants avaient regardé comme un dieu. « Ah ! ne cherche pas à me consoler. J'aimerais mieux être un pauvre laboureur et gagner ma vie près de quelque pauvre maître qui n'aurait pas toujours de quoi me nourrir que de commander ici à des ombres sans vie (1). »

Avec Pindare, et à mesure que le culte des morts s'introduit et se développe, il semble un moment que les horizons se soient élargis, que la mort ait perdu quelque chose de ce caractère mystérieux qui la rend si redoutable. C'est comme un vague soupçon

(1) *Odyssée*, ch. XI.

d'une existence future ; cependant la mort est toujours considérée comme un mal.

Cette crainte de la mort, nous la retrouvons encore chez les trois grands tragiques de la Grèce. La douleur de leurs personnages, à l'approche de l'heure suprême, pour être plus contenue en général que celle des héros d'Homère, n'en est pas moins violente ni moins profonde. Philoctète, sentant venir sa fin, se laisse aller au désespoir. Qu'on relise les épisodes si touchants de la mort d'Iphigénie, d'Antigone et de Polyxène. Toutes trois regrettent leur jeunesse : elles finissent par se résigner, sans doute ; mais elles ne voudraient pas mourir encore. « La lumière est si douce à voir, dit Iphigénie. Ne me faites pas descendre aux ténèbres souterraines. Rien n'est plus doux pour les mortels que de voir le jour. Personne ne souhaite la nuit des enfers. C'est folie que de vouloir mourir. Mieux vaut une malheureuse vie qu'une belle mort (1). » Et cette plainte nous émeut jusqu'au fond de l'âme, car elle nous semble bien naturelle.

Ainsi, pour les anciens, la vie est une douce chose : la mort fait leur désespoir, contre elle ils n'ont pas de consolation. Les premiers philosophes, trouvant cette terreur par trop intolérable, s'attachèrent bientôt à en délivrer l'humanité. Tandis qu'auparavant on faisait de sombres tableaux des supplices d'outre-tombe, ils essayèrent de détacher l'homme des choses d'ici-bas, en lui dépeignant comme à plaisir toutes

(1) Euripide, *Iphigénie en Aulide.*

les misères de l'existence terrestre. Platon lui montre la terre comme un lieu d'exil et lui fait entrevoir au-delà de cette vie une vie nouvelle pour l'âme dégagée des liens du corps (1). Quelques-uns, et à leur tête Epicure, proclament bien haut l'anéantissement après la mort. C'est la thèse qu'a soutenue avec éclat et vigueur, dans son beau poème de la *Nature*, un ardent champion de l'épicurisme, Lucrèce. Si le poème de la *Nature*, disons-nous avec M. Paul Albert (2), ne porte pas le titre de Consolation, il le mérite entre tous. Lucrèce a bien, en effet, l'intention arrêtée de consoler, de faire succéder la paix et le repos au trouble général, à l'épouvante universelle.

Lucrèce ne chante pas pour le seul plaisir de chanter. Lucrèce est philosophe ; mais, comme il le dit lui-même (3), il a emprunté le langage des muses pour corriger l'amertume de la philosophie avec le miel de la poésie. C'est surtout dans son livre IIIme qu'il s'attache à chasser les fantômes de l'Achéron, ces chimères qui empoisonnent la vie humaine dans sa source (4). L'âme, mortelle comme le corps, sera anéantie avec lui. L'homme n'a donc rien à redouter. Ce qui n'existe pas ne saurait être malheureux, et celui qu'une mort éternelle a délivré de la vie n'est-il pas au même état que s'il ne fût jamais né ? « Si tu as passé jusqu'ici des jours agréables, pourquoi ne

(1) Cette immortalité, on le sait, est plutôt pour Platon une belle espérance, « un beau risque à courir », qu'une vérité démontrée.

(2) *Variétés morales et littéraires*, p. 23.

(3) Livre I, v. 945.

(4) Livre III, v. 37-38.

te retires-tu pas comme un convive rassasié? Si la vie ne t'offre plus que des dégoûts, pourquoi voudrais-tu multiplier tes jours (1)? » Après notre mort, tranquillité du plus profond sommeil. Pas d'enfer, de Cerbère, de Furies, de Tartare ténébreux, mais une mort éternelle. Telle est la pensée de Lucrèce. On ne saurait être plus catégorique. Mortels, cessez de vous plaindre, de vous indigner de mourir, de gémir à l'approche de la mort! Saluez en elle votre libératrice!

Voyons maintenant ce que proposaient nos Consolateurs proprement dits pour calmer la crainte de la mort. Leurs idées là-dessus sont répandues dans tous leurs ouvrages. Cicéron étudie le problème d'une façon toute spéciale dans sa première Tusculane : *De contemnenda morte*. La mort est-elle un mal? Faut-il la redouter à ce point? Oui, lui répond son auditeur, car c'est un mal pour ceux qui sont morts et pour ceux qui doivent mourir (2).

Et d'abord elle est un mal pour les morts. Tous les hommes ne pleurent-ils pas la mort de leurs proches, et cela parce qu'ils les croient privés des douceurs de la vie? Détruisez cette opinion : il n'y aura plus de deuil. Ce n'est pas pour nous que nous pleurons. Sans doute, on ressent de la douleur et du chagrin, mais toutes ces lamentations funèbres (*illa lugubris lamentatio*) ont pour motif la persuasion où nous sommes que la personne que nous aimions est privée des douceurs de la vie (3). Ce n'est pas le Co-

(1) Livre III, v. 946 et sq.
(2) *Tusc.*, I, 5.
(3) *Ibid.*, I, 13.

cyte, les Enfers qui nous effrayent. Non, mais le plus grand de tous les maux est de n'être plus après avoir été... *non esse quum fueris miserrimum puto* (1). — A cela Cicéron répond : « Mais peut-on être misérable quand on n'est plus? »

La mort est-elle un mal pour ceux qui vont mourir? Ici il est bien difficile, pour ne pas dire impossible, de se faire une opinion précise, de saisir la vraie pensée de notre philosophe. Il hésite entre deux solutions : il ne craint même pas de se contredire. Pour prouver l'immortalité de l'âme, il en appelle au consentement universel. « La croyance générale des anciens était, dit-il, que la mort n'éteint pas tout sentiment, que l'homme, au sortir de cette vie, n'est pas anéanti (2). » Il semble, en général, qu'il penche vers cette croyance. Il établit l'immortalité sur un grand nombre de preuves. « Arrivés au terme, nous vivrons enfin, car notre vie est une mort (3). » Regardons la mort comme un asile, un port qui nous attend. — Puis Cicéron, qui est au fond peu convaincu de ce qu'il a affirmé, se place au point de vue des épicuriens, qui nient absolument l'immortalité, et des stoïciens, qui prétendent que nos âmes ne vivront que comme des corneilles, longtemps, mais pas toujours. « Même en supposant l'âme mortelle, dit-il, la mort n'en deviendrait pas redoutable. Après la mort, nous n'aurons pas à souffrir : elle nous enlève non pas des biens, mais des maux. Si la mort m'eût

(1) *Tusc.*, I, 6.
(2) *Ibid.*, I, 12.
(3) *Ibid.*, I, 31.

enlevé avant que j'eusse perdu tout ce qui faisait la consolation et l'honneur de ma vie privée et publique, n'est-il pas vrai qu'elle m'eût arraché à des maux et non à des biens (1)? » Lors même que nous perdrions des biens, de quoi peut manquer celui qui n'est pas?

Et Cicéron cite, d'après Platon, la pensée de Socrate : « Je suis véritablement plein de cette espérance que la mort qui m'attend sera un avantage pour moi, car il faut nécessairement de ces deux choses l'une : ou qu'elle nous enlève tout sentiment, ou que par elle nous passions de ce séjour terrestre en d'autres lieux. Dans les deux cas, que l'on gagne à mourir (2)!

Enfin, Cicéron conclut en laissant subsister l'alternative. Ce qu'il a voulu prouver surtout, ce n'est ni l'anéantissement ni l'immortalité, mais qu'il n'y a rien de plus désirable que la mort, car après la mort on ne souffre plus. « J'ai insisté, dit-il en terminant, parce que c'est là notre plus grande consolation dans le deuil et dans les regrets (*in desiderio et luctu haec est consolatio maxima*) (3). »

La mort préoccupe aussi beaucoup Sénèque. C'est chez lui une véritable obsession. A chaque pas dans ses ouvrages et dans sa correspondance, on le voit cherchant à délivrer ses contemporains de cette terreur. Il l'examine sous toutes les faces. On peut dire de ses lettres à Lucilius en général qu'elles sont un recueil de réflexions sur la mort.

(1) *Tusc.*, I, 35.
(2) *Ibid.*, I, 41.
(3) *Ibid.*, I, 46.

La mort n'est point à craindre. Loin de là : nous lui devons le plus grand des biens. Je mourrai : donc je ne serai plus sujet ni aux maladies, ni à la prison, ni à la mort. La mort anéantit l'homme ou le délivre, c'est une fin ou un passage. Délivrés, le meilleur de nous-mêmes nous reste ; notre fardeau nous a quittés. Anéantis, rien ne nous reste ; biens et maux, tout a disparu (1). La mort est si loin d'être un mal qu'elle nous met à l'abri de tous les maux. On craint l'incertain : le certain, on ne peut que l'attendre. La mort est une nécessité commune, inévitable. Qui oserait se plaindre d'un sort dont nul n'est exempt (2) ? — Et c'est ici le grand argument de Sénèque, celui sur lequel il insiste le plus : la mort est une loi de la nature.

Ainsi, anéantissement ou existence nouvelle préférable à celle-ci, mais délivrance dans les deux cas, voilà pour Sénèque, comme pour Cicéron, la consolation contre la mort.

Plutarque dit la même chose : la mort n'est pas un mal. Et pour appuyer son dire le moraliste laisse parler de temps à autre le conteur : Quand Midas, ayant enchaîné Silène, demande une réponse à cette question : « Qu'y a-t-il de plus heureux pour l'homme ? le dieu lui répond à sa grande stupéfaction : Ce qu'il y a de plus heureux, c'est de n'être pas né, ou de mourir le plus tôt possible (3). » Quand la mère de Cléobis et de Biton supplia Junon d'accorder à ses fils

(1) *Ad. Lucil.*, 24.
(2) *Ibid.*, 30.
(3) *Consolation à Apollonius*, 27.

le bien le plus précieux que puisse obtenir un mortel, comment la déesse l'exauça-t-elle? Les deux jeunes gens s'endormirent du sommeil de la mort (1).

Si la mort est un passage à une autre existence, nous serons affranchis de la servitude de la chair et de toutes nos passions. Si elle est l'anéantissement total de l'être, nous serons dans le même état qu'avant notre naissance. Ce qui n'est plus ne peut souffrir, pas plus que ce qui n'a jamais été.

Mais la mort entraîne après elle une autre douleur, la plus profonde de toutes, le deuil. Admettons, pour le moment, que vos arguments m'aient convaincu, que vous ayez banni de mon cœur toutes les terreurs qui me faisaient redouter la mort. Elle ne me trouble plus : je l'attendrai de pied ferme. Admettons que vous ayez ramené le calme sur le visage des mourants et qu'il ne nous reste plus aucune inquiétude sur le sort de nos morts. Nous avons encore besoin de consolation. L'homme ne pleure pas seulement ses morts pour eux-mêmes : sans doute, la certitude de leur bonheur apporterait un grand soulagement à son affliction, et l'on comprend, jusqu'à un certain point, que Sénèque et Plutarque, voulant consoler un père et une mère de la mort d'un enfant, se soient principalement attachés à leur prouver que les morts ne sont pas malheureux ; on comprend que Cicéron ait pu dire : « L'assurance que nos morts ne souffrent plus est notre plus grande consolation, » tant la mort épouvantait les anciens ! Mais cette assu-

(1) *Consolation à Apollonius*, 14.

rance ne suffit pas : il nous faut autre chose, car nous pleurons aussi nos bien-aimés pour nous qui leur avons survécu, pour nous qui restons. Eh bien ! comment me consolerez-vous, moi qui vis, moi qui vivrai peut-être longtemps encore, de la perte de ceux que j'aime? Comment voulez-vous que je supporte ce vide immense qu'a laissé dans mon cœur le départ des objets de mon affection ? A quoi me prendre, sur quoi m'appuyer, maintenant que je ne vois plus à mes côtés ce compagnon de route par qui et pour qui j'existais ? Que direz-vous à cette mère désolée qui, en perdant son enfant, a perdu tout ce qui faisait sa joie ici-bas? Comment saisir une douleur si vive, si poignante, si insaisissable ?

La philosophie peut-elle faire autrement que passer silencieuse à côté de ces tristesses profondes, sans essayer de les effleurer de ses raisonnements ? Un aveu d'impuissance nous paraîtrait ici tout naturel de sa part. Et pourtant elle n'a pas reculé devant les difficultés de la tâche. Et c'est ici surtout que les consolateurs ont entassé arguments sur arguments, car ils ont bien senti qu'ils avaient affaire à un puissant ennemi. C'est ici surtout qu'ils sont obligés de donner quelque chose de précis, de pratique, quelque chose qui puisse être d'une application immédiate, car il ne s'agit plus de dissiper des craintes plus ou moins chimériques, des terreurs plus ou moins imaginaires ; il ne s'agit plus de l'avenir, mais du présent, de l'heure actuelle, d'une souffrance réelle et palpable.

Un philosophe de la secte académique, Crantor, eut l'idée de réunir, dans un traité de Consolation adressé à son ami Hippoclès, tout ce que les siècles précédents avaient accumulé comme raisons consolatrices. Ce *libellus aureolus* (1), dont l'antiquité faisait grand cas, ne nous est pas parvenu. Cicéron et surtout Plutarque lui ont fait de fréquents emprunts. La pensée de Cicéron, nous la trouvons encore dans les *Tusculanes* et dans sa Correspondance.

Dans les *Tusculanes,* il nous donne un aperçu général des raisons qu'on a déjà mises en avant pour adoucir le deuil. « Les devoirs des consolateurs consistent, dit-il, à chasser entièrement la tristesse, ou du moins à la diminuer, à la soulager le plus qu'il se peut, ou encore à y faire diversion. Il y a des philosophes, tels que Cléanthe, qui les bornent à enseigner que ce qu'on croit un mal n'en est pas un. D'autres, comme les Péripatéticiens, veulent qu'on s'applique seulement à montrer que ce n'est pas un grand mal. Epicure conseille de détourner les affligés de l'idée de leurs maux en tournant leur pensée du côté des plaisirs. L'école de Cyrène soutient qu'il ne leur est arrivé rien d'inopiné, rien de mal. Chrysippe assure que le grand point pour les consoler est de les guérir du préjugé commun que l'affliction est un devoir. D'autres rassemblent toutes ces manières de consoler, comme faisant des impressions différentes sur les différentes sortes d'esprits *(alius enim alio modo movetur),* et c'est ainsi que j'en ai usé dans mon livre de la *Consolation.* Mon cœur était alors au paroxysme de l'affliction, et je tentais tous les moyens

(1) Cicéron, *Académ.*, II, 44.

de me guérir (1). » — Après cela, Cicéron montre que chacun de ces remèdes est loin d'être infaillible. Celui de Cléanthe est pour ceux qui n'en ont pas besoin, pour les sages ; celui de Chrysippe ne peut être efficace qu'au moment même de la douleur. Puis il semble conclure que, pour sa part, il veut s'en tenir à ceci : persuader à l'affligé que son mal n'est presque rien; se rappeler la commune condition des hommes ; se dire que c'est une folie de se consumer en regrets, puisqu'on en connaît l'inutilité ; que la tristesse ne vient point de la nature, mais de l'homme et de sa prévention. Telles sont les raisons pour lesquelles le sage ne doit pas s'affliger (2).

Dans ses Lettres, Cicéron console rarement. Le plus souvent, il sollicite de ses amis des consolations. Deux grandes douleurs ont traversé sa vie. La vue de sa patrie, pour laquelle il avait le plus profond amour filial, déchirée par les guerres civiles, puis foulée aux pieds du dictateur, a fait longtemps saigner son cœur de patriote. Bientôt après, un coup foudroyant, la mort de sa fille, qu'il aimait si tendrement (3), est venu briser son cœur de père. Si quelquefois il propose à ses amis des moyens de calmer la douleur, ce sont presque invariablement les mêmes : s'absorber dans l'étude, se dire que la raison veut qu'on fasse tout de suite ce qu'on finira toujours par faire (4),

(1) *Tusc.*, III, 31.

(2) *Tusc.*, III, 32-34.

(3) « Je retrouve en elle mes traits, ma parole, ma pensée », etc. *Ciceronis epistolæ* (Ed. Panckoucke). Ep. 63, *Ad Quintum.*

(4) Ep. 460 (*Ad Atticum*, XII, 10).

compter sur le temps, se résigner, se souvenir que l'homme est né pour servir de but dans le cours de sa vie à tous les traits de la fortune...; la mort n'a rien qui doive la faire regarder comme un mal, puisque si elle nous laisse le pouvoir de sentir, elle mérite moins le nom de mort que celui d'immortalité, et que si elle nous l'ôte, ce qu'on ne sent point ne saurait passer pour un mal (1).

Ses amis, touchés par sa profonde douleur, ne cessent de lui adresser des lettres de consolation (2). Mais ce ne sont, en général, que des expressions diverses d'un même thème. « A quoi bon vous lamenter? lui dit Luccéius. Vous ne gagnez rien par vos plaintes perpétuelles. Revenez donc à vos amis (3). » Il en est une cependant, du jurisconsulte Sulpicius, l'un de ses intimes, qui mérite qu'on en cite ce passage remarquable : « Il faut que je vous dise une réflexion qui m'a beaucoup soulagé; peut-être parviendra-t-elle à diminuer votre affliction. A mon retour d'Asie, comme je faisais voile d'Egine vers Mégare, je me mis à regarder le pays qui m'entourait. Mégare était devant moi, Egine derrière, le Pirée sur la droite et Corinthe à ma gauche. C'étaient autrefois des villes très florissantes ; ce ne sont plus que des ruines éparses sur le sol. A cette vue, je me suis dit à moi-même : Comment osons-nous, chétifs mortels que nous sommes, nous plaindre à la mort d'un des nôtres,

(1) Ep. 854, *Ad Titium.*

(2) Il en reçut des grands personnages de tous les partis, même de César. *A Cæsare litteras accepi consolatorias* (*Ad Att.*, XIII, 20).

(3) Ep. 568.

nous dont la nature a fait la vie si courte, quand nous voyons d'un seul coup d'œil les cadavres gisants de tant de grandes cités (1)? » Nous retrouvons la même idée dans la Consolation à Polybe : « L'univers est condamné à périr. Serions-nous assez orgueilleux pour prétendre échapper à cette loi (2)? »

Dans sa Consolation à Marcia sur la mort de Métilius, Sénèque débute à peu près comme dans sa Consolation à Helvia. Elle s'est montrée courageuse lors de ses deuils précédents. Pourquoi ne le serait-elle pas au milieu de celui-ci? Puis viennent les arguments que nous avons déjà signalés dans Cicéron : les larmes sont inutiles ; elles ne désarment pas le sort ; jamais elles n'ont rappelé à la vie ceux qui ne sont plus. Le préjugé qui nous fait gémir si longtemps nous entraîne plus loin que ne le commande la nature. Les animaux se montrent plus raisonnables que nous : « Vois comme chez eux les regrets sont véhéments, et pourtant combien ils sont courts. Les vaches qui ont perdu leur progéniture ne gémissent qu'un ou deux jours. Les cavales ne poursuivent pas plus longtemps leur course errante et folle. Quand la bête féroce a bien couru sur la trace de ses petits et rôdé par toute la forêt, et qu'elle est maintes fois revenue au gîte pillé par le chasseur, sa douleur furieuse est prompte à s'éteindre. L'oiseau qui voltige avec des cris étourdissants autour de son nid dévasté, en un moment redevient calme et reprend

(1) Ep. 557.
(2) *Cons. ad Polyb.*, 20.

son vol ordinaire. Il n'est point d'animaux qui regrettent longtemps leurs petits ; l'homme seul aime à nourrir sa douleur, et s'afflige, non en raison de ce qu'il éprouve, mais selon qu'il a pris parti de s'affliger. Ce qui prouve qu'il n'est pas naturel de succomber à ces douloureuses séparations, c'est qu'elles sont plus sensibles à la femme qu'à l'homme, plus aux barbares qu'aux peuples de mœurs douces et civilisées, plus aux ignorants qu'aux esprits éclairés (1). »

Nous devrions songer aux malheurs possibles avant qu'ils n'arrivent. Nous devrions nous habituer à voir en nos proches des êtres qui nous échapperont. Qui nous assure d'aujourd'hui, de l'heure où nous parlons ? L'homme est tout ce qu'il y a de plus fragile. — Après cela, Sénèque engage Marcia à se rappeler toutes les joies que ce fils lui a procurées. Quel grand motif de consolation pour elle ! « N'oubliez pas non plus ceux qui vous restent. Il est dans notre nature de ne trouver de charme qu'à ce que nous avons perdu. Accepter cette vie, c'est en accepter les biens et les maux. Nous ne pleurons pas les absents. Eh bien ! regardons les morts comme des absents. La mort, c'est la délivrance. La mort, ce n'est ni un bien, ni un mal, c'est le néant. La plus grande faveur après celle de ne pas naître, c'est de cesser d'être au plus tôt. D'ailleurs, puisque le terme de chacun est fixé d'avance et sans retour, le parti le plus sage n'est-il pas de se résigner ?

(1) *Ad Marciam*, 7.

Puis Sénèque, sans se soucier de la contradiction, ajoute : « Votre fils n'était pas fait pour cette vie. Ce n'est pas au tombeau qu'il vous faut courir : il est monté au plus haut des cieux (*ad excelsa*). Il a été admis dans la société des Scipion et des Caton. Là, votre père Crémutius Cordus s'unit intimément à lui. Leur félicité ne cessera que le jour de la dissolution du grand tout, le jour où nous irons nous confondre au sein des éléments primordiaux (1). » — Ainsi, Sénèque console tantôt avec l'épicurisme, tantôt avec le platonisme, ou plutôt il fait un bizarre mélange des deux doctrines.

Dans ses lettres à Lucilius nous voyons reparaître les mêmes idées. Il y a cependant quelques points particuliers sur lesquels il insiste davantage et qu'il est bon de relever. Lucilius vient de perdre son ami Flaccus. Sénèque fait d'abord la part de la douleur. « Il ne faut pas, dit-il, que la mort d'un ami nous laisse les yeux secs, il ne faut pas non plus qu'elle les inonde. Nous sommes trop portés à faire parade de notre douleur, à l'exagérer. Si la tombe a reçu celui que vous aimiez, cherchez quelqu'un à aimer, car il est plus raisonnable de chercher à remplacer un ami que de le pleurer. Votre douleur résistât-elle à la raison, le temps y mettra un terme. Or, n'est-il pas honteux que chez un sage ce soit la lassitude du chagrin qui remédie au chagrin ? Arrêtez vos larmes au lieu d'attendre qu'elles s'arrêtent d'elles-mêmes. Peut-être celui que nous croyons perdu pour nous n'a fait que

(1) *Ad Marciam*, 25, 26.

nous précéder (1). » Nous trouvons une phrase analogue à celle-ci dans la Consolation à Polybe. C'est la parole fameuse : *Non reliquit ille nos, sed antecessit* (2). Quant aux autres considérations que contient cette lettre, elles ne sont pas nouvelles. « La nature ne nous l'avait pas donné, mais prêté. Vous connaissiez ses conditions. Nous ne saurions changer la destinée : *Dura fata et inexorabilia.* Ni invectives, ni pleurs, ni raisons ne l'émeuvent. Il n'y a qu'à se résigner. »

Résignation à ce qu'on ne saurait changer, résignation à ce qui est fatal, immuable, voilà le dernier mot de tous les consolateurs de l'antiquité. Ce sera l'unique argument d'Epictète et de Marc-Aurèle : « Il faut se résigner, » ou plutôt ils ne chercheront point d'arguments. Pour eux, il n'y a pas de douleur, on n'a donc pas besoin de consolation. L'esclave moraliste, avec sa dureté stoïque, nous défendra de pleurer, nous ordonnera l'impassibilité la plus absolue : « Si tu désires que ta femme et tes enfants vivent toujours, tu es un fou, car tu désires que ce qui ne dépend pas de toi en dépende... Ne dis jamais : j'ai perdu cela ; dis plutôt : je l'ai rendu. Mon fils est mort, je l'ai rendu ; ma femme est morte, je l'ai rendue. » L'empereur philosophe, plus doux, plus aimable, mais non moins catégorique, s'indignera lui aussi à la vue des larmes. Pour lui le spectacle de la mort n'est pas une chose triste, mais tout à fait naturelle. Nous de-

(1) *Ad Lucilium*, 63... Fortasse (si modo sapientium vera fama est, recipitque nos locus aliquis) quem putamus perisse, præmissus est.
(2) *Ad. Polyb.*, 29.

vons nous conformer à la nature durant cette courte vie, partir de la vie comme l'olive mûre qui tombe en bénissant la terre sa nourrice et rend grâces à l'arbre qui l'a portée. Qu'importe qu'il faille mourir dans un grand nombre d'années ou demain ? Les vies les plus longues ne durent qu'un jour. Le sort des éléments nous est réservé.

Les Consolations de Plutarque tournent à peu près dans le même cercle d'idées que celles de Sénèque. Mais elles ont un caractère plus bienveillant, plus affectueux. Celle à Apollonius débute par une parole touchante : « Ayant appris la mort de ton fils, j'ai pleuré avec toi (σοί συνήλγησα) (1). » Puis vient une série de raisons que nous connaissons. Nous devons nous tenir dans un juste milieu, entre l'impassibilité qu'il faut laisser aux bêtes et une douleur trop grande qu'il faut laisser aux femmes. Le mal est attaché à ce qui est mortel, Les hommes sont tous prédestinés à souffrir. A quoi bon se lamenter ? La mort est une bonne chose, c'est la délivrance. Celui qui meurt jeune est chéri des dieux. D'ailleurs, la nature a besoin de défaire les êtres pour en créer de nouveaux. Ce qui rend cette Consolation particulièrement intéressante, ce sont les nombreuses citations dont elle est semée. Les citations, les réminiscences, voilà, en effet, un des grands charmes de Plutarque. En quelques lignes, il nous rapporte l'opinion des grands penseurs sur la douleur. Homère, Pindare, Socrate, tous sont consultés. Il est rempli d'anecdotes et de

(1) *Cons. à Apollonius*, 1.

légendes. Notons en passant l'une des plus curieuses, à laquelle il semble tenir particulièrement, car il la répète dans la Consolation à sa femme : c'est la légende sur l'origine du deuil (1). « Quand Jupiter distribua aux dieux leurs diverses prérogatives, le Deuil (τὸ πένθος) était absent ; il survint à la fin de la distribution et réclama quelque chose pour lui. Jupiter lui donna la douleur et les larmes. Et maintenant, de même que les autres dieux récompensent par leurs bienfaits les hommes qui les honorent, ainsi fait le dieu Πένθος : si vous lui offrez des tributs de pleurs, il vous enverra de nouveaux deuils, car il aime les larmes. » Ingénieuse leçon pour faire comprendre à l'homme qu'il ne doit pas se désoler éternellement, mais s'efforcer plutôt de combattre la douleur.

Quant à la Consolation à Timoxène, au fond ce n'est pas une Consolation, c'est un simple billet où Plutarque la félicite de son attitude calme et digne après la mort de leur fille. Il comprend son abattement, car il sait combien son enfant lui était chère, mais il lui recommande de fuir ces folles femmes qui viennent vous voir avec de grands cris et de grandes lamentations, de se rappeler les heures joyeuses que lui a procurées sa fille. Nous pouvons encore noter ceci : « Figure-toi que tu es revenue au temps où ta fille n'était pas encore née. Gardons-nous de calomnier la vie, parce que, dans une suite d'évènements heureux, il s'en trouve un néfaste, pareil à une rature dans un livre bien écrit (2). »

(1) *Cons. à Apollonius*, 19 ; *Cons. à sa femme*, 6.
(2) *Cons. à sa femme*, 8.

II

Telles sont les principales consolations que la philosophie offrait aux affligés. On le voit : nombreuses en apparence, elles se ramènent en réalité à deux ou trois arguments. Les consolateurs ont frappé à toutes les portes, mais presque partout on leur a fait les mêmes réponses. Nous avons maintenant à nous demander si toutes ces considérations spéculatives pouvaient être d'un grand usage dans la vie. N'étaient-elles pas, en général, de ces consolations qui ne consolent pas, ou qui ne consolent que ceux qui n'ont pas besoin d'être consolés ? Examinons tout d'abord les raisons que les philosophes tiraient de l'existence actuelle.

Il y en a d'absurdes et de puériles sur lesquelles nous n'insisterons pas longtemps, car l'absurdité en est assez manifeste. On est tenté de se demander quelquefois si ceux qui les offraient aux malheureux avaient bien le désir sincère de les soulager ou voulaient aggraver leurs souffrances. Quelquefois aussi l'ineptie des arguments nous fait presque douter du bon sens de ceux qui s'en servaient. Nous aimons à croire, à leur décharge, qu'ils n'avaient pas toujours dans la vie publique le ton dogmatique, l'accent imperturbable avec lequel ils proclamaient dans leurs écoles leurs principes respectifs comme une panacée infaillible. Nous aimons à croire que la plupart des philosophes comprenaient qu'il vaut mieux se taire devant un pauvre malade gémissant sur un lit de souffrance que de lui dire d'un ton doctoral : La douleur n'est qu'un mal d'opinion; et qu'en présence d'une mère pleurant son enfant bien-aimé, ils n'auraient pas eu la brutale audace de s'écrier : « Les larmes sont inutiles! A quoi bon vous désoler! » On connaît la belle réponse que fit Solon à quelqu'un qui voulait le consoler avec cet argument : « C'est précisément parce qu'il est inutile de pleurer que je pleure! » Les consolations des Sénèque, des Plutarque, des Cicéron, ne sont pas toujours non plus à l'abri du reproche de grande faiblesse et de ridicule. Peut-on dire par exemple sérieusement à un exilé, pour adoucir sa peine, que partout l'on trouve le même soleil, la même eau, le même air, le même feu? Ah! que nous comprenons bien le mot d'un Athénien banni, cité par Plutarque : En vérité, je soutiens que la lune d'Athènes est plus belle que celle de Corinthe (1). — Est-il raisonnable de la part d'un philosophe tel que Sénèque de vouloir consoler une mère, en lui rappelant qu'elle s'est bien consolée de tous ses deuils précédents, en rouvrant toutes les

(1) *De l'Exil*, 6.

blessures que le temps a peut-être cicatrisées? Il a beau essayer de justifier cette façon de procéder, il ne saurait nous convaincre; il n'est pas vrai que la continuité de la douleur finisse toujours par endurcir. Que répondrait-il à Helvia et à Marcia, si elles lui disaient : « C'est trop souffrir : ce dernier coup après tant d'autres nous est trop sensible; il ne nous reste plus qu'à mourir! » N'est-il pas souverainement odieux de dire comme Plutarque à sa femme : « Tu n'étais pas affligée avant la naissance de ta fille! »

On peut reprocher aussi à ces consolations, même aux plus acceptables, d'être trop aristocratiques. Si jamais elles ont prise sur quelques âmes, ce sera tout au plus sur les philosophes, seuls capables de les comprendre, sur les caractères fortement trempés, sur les hommes qui sont déjà, pour ainsi dire, tout consolés. Cicéron l'avoue lui-même : « Je ne parle, dit-il, que du sage, du lettré, du savant (1). » Les pauvres, les ignorants, les femmes et les esclaves sont absolument négligés. Deux des Consolations de Sénèque sont adressées, il est vrai, à des femmes, Helvia et Marcia; Plutarque, lui aussi, console son épouse, mais ce sont là des exceptions : il s'agit de femmes élevées à l'école de la philosophie. Pas de consolation pour les personnes ordinaires, pour le vulgaire qui, cependant, en aurait un si grand besoin. Ils sont trop grands seigneurs pour s'en soucier; mais, lors même qu'ils y songeraient, leurs argu-

(1) *Tusc.*, V, 38.

ments seraient inefficaces. Ce défaut nous frappe surtout dans les consolations contre la souffrance physique et contre l'exil. Peut-être si vous représentez à un riche ou à un savant, accablé par une grande épreuve, auquel la paralysie interdit tout mouvement, qu'il n'a pas tout perdu, qu'il lui reste encore beaucoup de jouissances, qu'il a toujours ses livres et ses amis, parviendrez-vous à le réconcilier en quelque mesure avec la douleur. C'est que, malgré ses souffrances, cet homme-là est encore un privilégié. Mais que pouvez-vous dire à ce pauvre artisan dont le labeur quotidien suffisait à peine à nourrir sa nombreuse famille, et qu'un terrible accident vient de clouer sur un grabat ? Il est désespéré, et à juste titre, car il n'a d'autre perspective que celle d'être infirme pendant toute sa vie, et son affliction est encore augmentée par la vue de l'angoisse des siens. Vos raisonnements, même les meilleurs, seraient ici bien mal placés.

Voilà pour les maux physiques ; les consolations contre l'exil sont-elles d'une application plus générale ? C'est fort douteux. On croirait, à les entendre, que nos philosophes ont ignoré ce que c'était que l'exil. Les exils qu'ils nous représentent à l'envi comme peu redoutables ne sont que des exils volontaires, des exils (si l'on peut appeler de ce nom les émigrations) que des peuples, des familles entières se sont imposés par intérêt ou par plaisir. Peut-être ces peuples regrettent-ils leur première patrie ; mais, après tout, c'est de leur plein gré qu'ils en ont choisi une nouvelle. D'ailleurs, ce n'est que le sol natal qu'ils ont quitté : le foyer domestique leur reste.

Qu'il y a loin de là aux souffrances du banni qu'un tyran surveille d'un œil jaloux après l'avoir violemment arraché au toit qui l'a vu naître et à ses plus chères affections! La pauvreté, l'ignominie, Sénèque peut en parler légèrement : il faut croire que, même dans son île, il a toujours été un enfant gâté de la fortune.

Les consolateurs comptent aussi beaucoup sur la puissance du temps; il n'est, disent-ils, point de douleur que le temps n'emporte; le temps cicatrise toutes les plaies du cœur. Mais les effets du temps sont bien lents; c'est une faible consolation que de dire à un affligé : le temps fermera toutes vos blessures et calmera toutes vos peines, car la douleur est impatiente. Celui qui souffre voudrait être guéri immédiatement. Et d'ailleurs, est-il bien vrai que le temps console? Est-ce là l'expérience de tous les malheureux? Efface-t-il, même à la longue, toutes les douleurs? Laissons parler ici un homme qui a connu les amertumes d'un cuisant exil, laissons parler Ovide. Ovide avait sa muse fidèle, et cependant il fait entendre cette triste plainte : « Les chagrins légers, les années peuvent les adoucir, mais les grandes afflictions ne font qu'empirer avec le temps (1). Le temps accoutume le taureau à traîner la charrue, à courber de lui-même sa tête sous le joug; le temps rend le coursier fougueux, souple à l'impression des rênes, et façonne sa bouche docile au mors inflexible. Le temps adoucit la furie des lions de Libye et cette hu-

(1) *Tristes*, liv. V, el. 2.

meur farouche qui les dominait s'évanouit; si cet animal monstrueux que produit l'Inde obéit à la voix de son maître, c'est le temps qui le dompte, qui le forme à l'esclavage; le temps fait grossir les raisins sur la grappe allongée... le temps change la semence en longs épis dorés, et fait perdre aux fruits leur saveur âpre; il use le soc de la charrue à renouveler la terre, il use le roc le plus dur et jusqu'au diamant lui-même, il calme peu à peu la colère la plus violente, diminue les chagrins, soulage l'affliction des cœurs; le temps, qui glisse d'un vol insensible, peut donc affaiblir tous les tourments, oui tous, excepté les miens. Depuis que j'ai dit adieu à ma patrie, deux fois les épis ont été foulés sur l'aire : deux fois le jus de la grappe a jailli sous le pied nu qui l'écrase, et un si long intervalle n'a pu m'accoutumer à ma souffrance, et le sentiment de mes maux est aussi vif qu'aux premiers jours... Ma peine est même aujourd'hui plus accablante qu'autrefois; elle a grandi, elle a augmenté en vieillissant; je ne connaissais pas aussi bien toute l'étendue de mes maux, et cette connaissance même ne fait que les redoubler (1). »

Où la philosophie a fait complètement fausse route, c'est quand elle a recommandé aux affligés de tâcher d'oublier dans les plaisirs, dans les distractions de

(1) *Tristes*, liv. IV, el. 6. Cicéron le reconnaît : « Ce n'est pas le temps qui console. Une personne qui a eu du chagrin est toujours la même; le sujet qui a causé son chagrin est toujours le même... Le remède vient non du long intervalle, mais des longues réflexions qui nous apprennent qu'il n'y a point de mal réel dans le sujet de notre douleur. » Nous venons de voir que la réflexion avait appris tout le contraire à Ovide.

toute sorte, ceux qu'ils ont perdus, de faire tous leurs efforts pour parvenir à l'insensibilité. Oublier nos morts ! A cette pensée, tout notre être se révolte. Que la philosophie rende notre chagrin moins amer, moins accablant, en nous présentant un remède moral qui l'apaise, qui l'endorme, un remède aussi efficace que le Népenthès, ce suc merveilleux avec lequel la fameuse Hélène chassa, comme par enchantement, la tristesse des héros grecs qui pleuraient au souvenir des malheurs de la guerre de Troie, passe encore ! mais qu'elle ne nous dise pas d'oublier complètement. C'est un remède pire que le mal. Nous plaignons, bien loin de les envier, les malheureux que la mythologie nous montre buvant à longs traits les eaux du Léthé. Si nous avons aimé véritablement, notre souvenir nous est cher, notre souvenir nous est sacré. La douleur est une faiblesse, disent les consolateurs, qui ne convient pas aux grandes âmes et que les personnes de haut rang doivent s'interdire. Pourquoi ne suivez-vous pas l'exemple des animaux, pourquoi ne vous soumettez-vous pas à cette loi commune et sans appel, à cette loi inexorable qui régit l'univers? C'est que nous nous sentons plus grands que les brutes, plus nobles que cet univers même qui pourrait nous écraser. Nous ne voulons pas céder à la fatalité. Et c'est précisément en cela que consistent notre grandeur et notre noblesse. Ne pouvant rappeler nos morts à la vie, nous protestons contre la mort, nous essayons de la vaincre par la persistance de notre souvenir. Il y a dans le souvenir je ne sais quelle douceur qui nous réconforte. C'est pour nous une véritable consolation. Les êtres chéris, que nous avons perdus, ne sont plus à nos côtés, mais ils vivent dans notre âme, leur image est présente à notre pensée, nous les retrouvons en nous. Il n'est pas vrai, quoi qu'en dise Le Dante, qu' « il n'y ait pire misère qu'un souvenir heureux dans les jours de douleur ». « Un grand bonheur, a dit M. Guizot, est une lumière dont le reflet se prolonge sur les espaces mêmes qu'elle n'éclaire plus ; quand Dieu et le temps ont apaisé les violents soulèvements de l'âme contre le malheur, elle s'arrête et se complaît encore à contempler dans le passé les biens charmants qu'elle a perdus (1). »

A défaut de toute autre preuve de l'impuissance et du peu de valeur de ces consolations, il nous suffirait de nous rappeler qu'elles ne servaient guère aux consolateurs eux-mêmes. Quand il s'agit de leurs propres afflictions, ils n'affirment plus aussi catégoriquement que la douleur n'est qu'un mal d'opinion, que l'homme s'en affranchirait aisément s'il ne s'imaginait pas que c'est un devoir pour lui de pleurer. C'est à ces philosophes surtout qu'on pouvait dire à bon droit : *aliter loqueris, aliter vivis* (2). Ainsi nous voyons Sénèque, le stoïcien Sénèque, qui écrivait à sa mère qu'il n'était pas malheureux, finir par se laisser aller à l'abattement. Le fardeau de l'exil fut trop lourd pour les épaules de notre philosophe. Il écrivit à l'affranchi Polybe une lettre si flatteuse, si indigne de l'auteur de tant de chefs-d'œuvre, qu'on

(1) Guizot, *Mémoires*.

(2) Il paraît qu'on ne s'en privait pas. On objecte, dit Cicéron, que les consolateurs ne sont pas moins sensibles quand ils sont en butte aux outrages de la Fortune (*Tusc.*, III, 30).

serait presque tenté d'en nier l'authenticité. Il chercha à se faire rappeler dans sa patrie, lui, l'impassible, lui, le sage qui avait proclamé bien haut que l'exil n'est pas un mal.

Le même Sénèque pleure à la mort de son ami Serenus, et ses larmes, il se les reprochera plus tard. Après avoir blâmé Lucilius de sa trop grande douleur, il ajoute : « *haec tibi scribo, is qui Annaeum Serenum tam immodice flevi, ut quod minime velim, inter exempla eorum sim quos dolor vicit* (1). La douleur l'a vaincu, la douleur a eu raison de sa philosophie.

Si de Sénèque nous passons à Cicéron, dont les ouvrages semblent indiquer plus de sincérité, plus de conviction personnelle, ici encore nous trouvons un homme, accablé par le malheur, ne sachant à qui s'adresser. Ses aveux sont d'une éloquente tristesse. Il a souvent parlé contre la douleur ; il a recommandé la philosophie à ses amis comme l'unique asile des affligés, la seule consolatrice. Eh bien ! pendant la lutte entre César et Pompée, il demande à Atticus de recueillir tout ce qui peut le consoler, mais de ne pas consulter pour cela les livres de philosophie, car il a chez lui ce genre de remède, trop faible pour sa maladie *(imbecillior est medicina quam morbus)* (2). Il n'a pas cette constance du sage, tant vantée par lui dans les *Tusculanes*. Toutes ses lettres portent l'empreinte de sa profonde douleur. Parcourons-en quelques-unes : « J'écris cette lettre le jour anniversaire

(1) *Ad Lucil.*, 63.
(2) Ep. 380, *Ad Atticum*, x, 14.

de ma naissance. Pourquoi suis-je né? Mes larmes m'empêchent d'écrire. On ne peut être plus malheureux que je le suis (1). » Les malheurs de sa fille viennent tout à coup s'ajouter à ceux de sa patrie. Aussi s'écrie-t-il désespéré : « C'est en vain que vous tâchez de me consoler ; cela n'est pas possible. Je ne vous demande même plus de conseils. C'est un mal sans remède, et vous avez épuisé tout ce qu'on pouvait me dire (2). Ecoutons-le encore après la mort de sa fille : « Vous voudriez me voir triompher de ma douleur ! J'ai lu tout ce que les philosophes ont écrit sur ce sujet, mais ma douleur résiste à toute espèce de consolation. J'ai fait plus ; je me suis adressé à moi-même des lettres de consolation..., je fais tout ce que je puis, non pour surmonter ma douleur, mais pour la laisser moins paraître (3). Je me suis tourné de tous côtés, je n'ai rien trouvé qui pût me consoler...; tout me dégoûte *(omnia respuo)*, et il n'y a pour moi de supportable que la solitude (4). Tout est fini depuis longtemps, mais surtout depuis que j'ai perdu la seule chose qui me rattachait à la vie... Pour moi, quand j'aurais tout le bonheur du monde, rien ne pourrait me consoler (5). Quand je pleurais les malheurs de la République, ma douleur n'était pas si vive, parce que je trouvais dans ma famille une consolation, mais à présent je ne puis plus m'accommoder du

(1) Ep. 404, *Ad Atticum*, XI, 9.
(2) Ep. 412, *Ibid.*, XI, 17.
(3) Ep. 530, *Ibid.*, XII, 14.
(4) Ep. 533, *Ibid.*, XII, 18.
(5) Ep. 541, *Ibid.*, XII, 23.

monde et de la vie qu'on y mène. Quant au livre de la *Consolation* que je me suis adressé à moi-même, cela m'a assez bien réussi, ma douleur ne paraît plus si grande au dehors ; pour celle que j'ai dans le cœur, elle est toujours la même (1). Mon application à l'étude est continuelle, mais ce que j'attends des lettres est moins une guérison qu'un léger oubli de ma douleur (2). » Sa réponse à l'éloquente lettre de Sulpicius est le plus émouvant tableau de sa tristesse. Après avoir décrit la douleur qu'il a ressentie à la chute de la République, il ajoute : « Ma fille au moins me restait. J'avais où me retirer et me reposer : le charme de son entretien me faisait oublier tous mes soucis et tous mes chagrins ; mais l'affreuse blessure que j'ai reçue en la perdant a rouvert dans mon cœur toutes celles que j'y croyais fermées. Autrefois je me réfugiais dans ma famille pour oublier les malheurs de l'Etat, mais aujourd'hui l'Etat a-t-il quelque remède à m'offrir pour me faire oublier les malheurs de ma famille ? Je suis obligé de fuir à la fois ma maison et le forum, car ma maison ne me console plus des peines que me cause la République, et la République ne peut pas remplir le vide que je trouve dans ma maison (3). »

Le zèle que ses amis apportent à le consoler finit par l'impatienter. « De quoi se plaint-on ? que me veut-on ? que je ne sois pas si abattu ? Jamais personne ne le fut moins. Je lis et compose tout le jour. Pour cette

(1) Ep. 546, *Ad Atticum*, XII, 28.
(2) Ep. 569, *Ad Lucceium*.
(3) Ep. 565, *Ad Sulpicium*

gaieté *(hilaritatem)*, qui dans ces temps malheureux adoucissait mes maux, je l'ai perdue pour toujours(1). » Le désespoir de ce pauvre père fut si grand qu'il toucha presque à la folie. Il voulut rendre à sa fille les honneurs divins. Il lui prépara une apothéose et choisit un emplacement pour lui élever un temple. Pendant longtemps, ses lettres à Atticus sont remplies de ce projet. Atticus s'efforce vainement de le ramener à d'autres sujets. C'est une idée fixe à laquelle il revient toujours.

La philosophie consolatrice a-t-elle complètement échoué ? Faut-il la taxer absolument d'impuissance ? N'a-t-elle offert au malheur que des arguments spécieux et des paroles vaines ? Ce serait être injuste que de le prétendre. Refuser à l'antiquité d'avoir entrevu de grandes idées, d'avoir eu des sentiments généreux, c'est se placer à un point de vue tout aussi erroné que celui des adversaires du christianisme, qui s'obstinent à ne trouver en lui rien de divin, à n'y voir qu'un développement, une transformation de la pensée antique suivant une ligne ascendante. Ne craignons pas d'affaiblir l'Evangile, d'en diminuer l'importance, en relevant les beaux côtés de la morale païenne, car, si élevé que soit l'idéal atteint par les philosophes, il y aura toujours un idéal supérieur, un idéal qui le dépasse, comme le ciel est au-dessus de la terre, comme le divin dépasse tout ce qui est humain.

(1) Ep. 567, *Ad Atticum*, XII, 40.

Ce qui doit tout d'abord nous étonner chez ces consolateurs, ce sont leurs efforts constants pour trouver des consolations. Tant d'optimisme dans un monde sans Dieu et sans espérance nous remplit d'admiration. On s'attendrait à les voir conseiller plus souvent le suicide. Rien ne les décourage, aucune douleur ne les effraie. Sachons-leur gré des généreuses tentatives qu'ils ont faites pour relever les cœurs abattus, pour s'opposer au pessimisme qui démoralise et conduit au désespoir. Loin de mêler leurs plaintes à celles de leurs malades, de murmurer avec eux, les philosophes ont essayé de les détourner de la pensée de la souffrance par la pensée des joies qu'ils ont eues, des biens qu'ils ont encore. Ainsi nous avons vu Sénèque rappelant à sa mère et à Marcia qu'elles n'ont pas tout perdu, qu'il leur reste des compensations. Plutarque surtout semble avoir pris à tâche de justifier aux yeux des affligés la main qui les frappe. On trouve chez lui bien plus que chez Sénèque le besoin, le pressentiment d'une Providence qui dirige les choses humaines avec sagesse. On le voit quelquefois prêcher la patience, la soumission à une volonté supérieure, l'acceptation de l'épreuve aussi bien que de la joie. On croirait entendre Job quand il s'écrie : « Nous recevrions des biens de Dieu, et nous n'en recevrions pas aussi des maux ! « Les consolateurs sont même allés trop loin dans cette voie. Leur zèle a eu des excès. Leur préoccupation incessante de rejeter les douleurs à l'arrière-plan pour ne mettre en lumière que les beaux côtés de la vie, les a entraînés plus d'une fois jusqu'à nier la douleur.

Mais on les a trop souvent considérés à tort comme

des personnages durs et intraitables. Si l'on excepte quelques stoïciens aveuglément fidèles à leurs principes, les philosophes ont en général excusé et compris l'affliction, et c'est là une inconséquence qui les honore, car elle nous prouve que dans leur poitrine battaient des cœurs d'hommes. Epicure reconnait qu'il n'est pas au pouvoir de l'homme de ne pas s'affliger. En parlant des stoïciens conséquents, il s'écrie : « Ils nous ôtent les regrets, les larmes et les gémissements sur la mort de nos amis. Cette impassibilité qu'ils recommandent a pour principe un plus grand mal que l'affliction. Elle ressort d'un fonds de cruauté, d'une fureur sauvage et d'une vanité déréglée et sans mesure. Il vaut mieux souffrir, il vaut mieux s'affliger, oui, par Jupiter, il vaut mieux se perdre les yeux de larmes et sécher de regrets (1). » De l'avis de Crantor, la douleur est un sentiment de la nature auquel il faut céder ; c'est donc perdre son temps que de se raidir contre elle. Plutarque et Sénèque blâment maintes fois, nous l'avons vu, ceux qui sont sans entrailles. On pourrait prétendre qu'ils parlent ainsi pour les besoins de la cause, que ce n'est là qu'une habileté de consolateur qui veut s'insinuer dans la confiance de son malade. Pour nous, nous ne saurions mettre en doute la sincérité d'un aveu tel que celui-ci (2) : « Jamais je ne prétendrai vous interdire toute tristesse. Je sais bien qu'il se trouve des gens d'une philosophie dure, plutôt que courageuse, qui nient

(1) J. Denis, *Théories et idées morales dans l'antiquité*, t. I, p. 283. Cf. *Tusc.*, III, 15.

(2) *Ad Polyb.*, 37.

que le sage puisse connaître la douleur. Mais il paraît que ces hommes ne sont jamais tombés dans les souffrances ; autrement la fortune eût déconcerté leur fière sagesse et les eût contraints, en dépit d'eux-mêmes, à confesser la vérité. »

Ainsi, les consolateurs ne proscrivent pas toujours les sentiments les plus légitimes du cœur humain. Quand ils laissent parler en eux la nature, ils ont des accents tendres et doux. Ils procèdent par degrés, avec circonspection. Ils épient les occasions favorables, attendent pour présenter leurs consolations que les premières tempêtes de la douleur soient passées. De même que le médecin du corps mesure la dose du remède énergique qu'il va employer à la faiblesse de son malade, ils accommodent leurs remèdes moraux aux temps et aux personnes. Qu'on relise, par exemple, le début de la Consolation à Helvia. Depuis longtemps, Sénèque voulait adoucir les peines de sa mère, mais il savait qu'il ne faut pas heurter de front la douleur dans son premier accès. Rien de plus dangereux que des remèdes précipités. Il attendait que la douleur épuisât ses forces d'elle-même et devînt plus docile et plus traitable (1). « Dans la consolation des affligés, dit Cicéron, il faut voir quels remèdes chacun d'eux est capable de supporter (2). » Plutarque ne brusque pas non plus la douleur de son ami, il use de ménagements. Leur plus chère ambition n'était pas de supprimer totalement la douleur, — au

(1) *Ad Helviam*, I ... ipse vires suas frangeret... tangi se ac tractari pateretur.

(2) *Tusc.*, III, 31.

fond ils n'ignoraient pas qu'ils en étaient incapables, — mais d'en retrancher l'excès, le superflu, de lui enlever quelque chose de son pouvoir sur l'homme, d'en calmer les transports immodérés.

Y ont-ils jamais réussi ? On peut le croire, car ils ne se sont pas contentés de comprendre, d'étudier la douleur ; ils s'y sont associés, ils l'ont partagée, ils ont employé le grand remède de la sympathie. Ils ont senti qu'un simple témoignage de sympathie est supérieur à tous les arguments du monde, qu'il est plus efficace de prendre sa part du chagrin de l'affligé que de lui répéter continuellement : Il est inutile de s'affliger ; la douleur est une loi de la nature ; recherchez les distractions, et mille raisons de ce genre. Plutarque pleure avec Apollonius et dit à sa femme : Je ne suis ni de pierre, ni de bois. Sénèque oublie souvent la froide raison, les rigueurs du Portique pour laisser parler son cœur, car « le cœur a des raisons que la raison ne connaît pas ». Il déclare que dans la maladie l'affection de nos amis nous console, et Cicéron, répondant à Sulpicius, le remercie avec effusion de sa sympathie.

Enfin, un des grands mérites de la philosophie consolatrice, le plus grand de tous peut-être, est à nos yeux d'avoir recommandé l'activité extérieure. L'homme, disent les stoïciens, se doit à sa patrie, à ses amis, à ses semblables. Il a donc mieux à faire, après avoir perdu les objets de son affection, qu'à se renfermer dans une sombre douleur, en refusant toute consolation. Le *Quaere quem ames*, de Sénèque, interprété dans ce sens, renferme une vérité profonde. L'affligé est trop facilement porté à se replier sur lui-même, il oublie trop facilement qu'il a ici-bas une œuvre à accomplir, d'autres êtres à aimer. La douleur est naturellement égoïste. L'action lui est antipathique. La méditation, l'émotion solitaire, voilà ce qui lui plaît. *Quaere quem ames,* c'est-à-dire regarde autour de toi, répands les trésors de cette affection dont ton cœur déborde sur ces déshérités qui t'environnent, crée-toi de nouveaux amis dans la grande famille humaine. Sans doute, ils ne remplaceront jamais celui que tu ne peux oublier, que tu ne dois pas oublier, mais ils combleront en quelque mesure le vide affreux de ton pauvre cœur qui a soif d'aimer. Leur joie te procurera de nouvelles joies. Tu éprouveras un certain apaisement en les rendant heureux.

Cette grande idée, les anciens n'y insistent guère, il est vrai; on peut même soutenir à la rigueur qu'ils n'ont recommandé l'action que comme un des moyens d'oublier. On ne saurait nier, toutefois, qu'ils ne l'aient entrevue. Il était réservé au christianisme de la mettre en pleine lumière. Qui dira les sublimes dévouements qu'elle a inspirés! On l'a remarqué : les créateurs d'institutions de bienfaisance sont le plus souvent des gens qui ont souffert, que la vie a maltraités. La charité la plus profonde et la plus durable naît des grandes douleurs.

Ainsi les consolations des philosophes ne furent pas toujours absurdes ou impuissantes. Et d'ailleurs faudrait-il leur en faire un crime? Assurément non. Les consolateurs modernes n'ont rien trouvé de mieux : ils ont emprunté aux anciens tous les arguments qu'ils emploient. C'est qu'il n'y a en réalité pas d'autre consolation à tirer de la vie présente. Montaigne, par exemple, ayant à consoler une dame, use de la diversion. « C'est, dit-il, la plus ordinaire recepte aux maladies de l'âme. » Malherbe rappelle à Du Périer que la mort est une loi commune et qu'il est inutile de s'affliger. Et de nos jours encore, n'entendons-nous pas une foule de personnes consoler les affligés avec ces raisons qui étaient déjà des lieux communs dans l'antiquité?

Mais toutes ces consolations humaines sont bien insuffisantes : ce ne sont que de simples conseils, des demi-consolations, tout au plus des encouragements à la patience. Cette patience, on ne nous en indique pas le secret. Ces conseils, on ne nous donne pas la force de les suivre. Il est des douleurs contre lesquelles tous ces arguments viennent se briser, comme les vagues impuissantes se brisent sur le roc inébranlable. Il est des douleurs qui terrassent l'être tout entier. Qu'est-ce que des amis pour leur apporter des soulagements? La sympathie est bien souvent froide et maladroite. L'action! l'affligé n'a plus l'énergie nécessaire pour s'y livrer. La dissipation, le plaisir! Cruelle ironie! maintenant la vie est sans charme pour lui. Le souvenir lui-même ne nous apporte qu'un pâle reflet des joies passées. Il peut nous faire croire un moment que nos morts ne sont pas réellement morts; mais l'illusion finit par s'évanouir, et nous laisse mornes et désespérés en face de la réalité poignante. Aucune consolation terrestre, aucune joie tirée de ce monde ne peut nous suffire. Il faut donc interroger l'au-delà de la tombe. Notre cœur ne consentira à écouter les consolateurs que s'ils parviennent à opposer à la douleur qui l'accable un motif de joie plus grand que cette douleur elle-même.

C'est ici surtout que nous pouvons constater la faiblesse de la sagesse antique. Un grave reproche que nous avons à lui adresser dès l'abord, c'est de nous mettre continuellement en présence d'une alternative, celle de l'anéantissement et d'une autre vie. Ils nous la donnent comme infaillible; ils semblent nous dire : Vous ne pouvez y échapper. Pourquoi donc vous lamenter? La douleur n'a pas de raison d'être. L'hypothèse du néant et celle d'une vie future, toutes deux également probables, sont également rassurantes, parce que l'une et l'autre présentent au même degré une paix profonde et l'éternelle exemption de tous les maux.

Ce dilemme, nous ne saurions nous en accommoder, car nous en rejetons le premier terme. De quel droit les philosophes épicuriens ont-ils substitué l'idée de l'anéantissement après la mort à celle d'un châtiment, qui était avant eux la croyance universelle? Ils voulaient délivrer l'homme de la crainte des enfers. Mais ils n'ont pas vu qu'ils manquaient complètement leur but. Le profond bon sens de Plutarque ne s'y est pas trompé. Epicure, dit-il, ne fait que déplacer le mal qu'il prétend guérir. Pour nous délivrer de la crainte de la mort qui trouble l'existence, il nous ôte l'espoir de l'éternité sans lequel on ne peut vivre. Que gagne-t-on à remplacer les terreurs des enfers par l'espoir du néant? Comme le désir d'exister est de tous nos désirs, le premier et le plus fort, que l'homme supporte encore mieux la menace de souffrir que la perspective de n'être plus, il se trouve que nous nous sentons beaucoup plus malades après qu'Epicure nous a guéris. Est-ce une consolation que d'annoncer que la vie n'a pas de lendemain? Ce n'est pas Cerbère ou le Cocyte qui peuvent rendre la mort effrayante, c'est la menace du néant. — Et Plutarque a raison. Oui, la cessation de la vie est pour nous quelque chose d'anormal qui nous glace d'épouvante. Cette doctrine de mort, on l'a dit, produit la mort dans la vie même (1). Lucrèce a beau nous parler de paix, de repos, cette ἀταραξία, cette tranquillité dont notre âme a soif, il ne nous la donne pas : il ne se la donne pas à lui-même (2). Lucrèce a-t-il jamais consolé quelqu'un? Le grand Frédéric écrivait à d'Alembert affligé : « Quand je suis affligé, je lis le troisième chant de Lucrèce. C'est un palliatif pour les maladies de l'âme. » Plus tard, pendant la guerre de Sept ans, au moment où, pressé par ses ennemis, il songe à se débarrasser de la vie, il répond à d'Argens qui lui recommandait la lecture du poème consolateur : « J'ai lu et relu le troisième chant de Lucrèce, mais je n'y ai trouvé que la nécessité du mal et l'inutilité du remède (3). »

Ainsi, la pensée de l'anéantissement, loin de con-

(1) De nos jours encore, elle a des représentants illustres. Heureusement ceux qui la professent ne lui sont en général guère fidèles dans la pratique : ils ont l'air tout aises d'être vivants et bien vivants; ils aiment la vie et ne songent pas à se procurer par le suicide l'objet de leurs souhaits, le néant.

(2) *Medio de fonte leporum surgit amari aliquid...*

(3) Martha : « Le poète Lucrèce » (*Revue des Deux-Mondes*, mars 1863).

soler l'homme contre les misères de cette courte vie, fait son désespoir. Voilà donc le premier terme du dilemme renversé. Plus d'alternative. La consolation ne peut se trouver que dans la croyance à une vie future. Si encore il y avait une autre vie ! s'écrie Job au milieu de ses souffrances. Nous devons chercher, dit Pascal, la consolation à nos maux, non pas dans nous-mêmes, non pas dans les hommes, non pas dans tout ce qui est créé, mais dans Dieu. Eh bien ! chez les anciens, l'immortalité n'a rien de consolant, car ils n'enseignent sur elle rien de précis. Ils n'ont que des peut-être, des incertitudes à nous offrir. Voilà pourquoi on trouve chez eux ce va-et-vient continuel de la vie future à l'anéantissement et de l'anéantissement à la vie future. Cicéron a souvent répété dans ses ouvrages que l'homme est céleste, divin, immortel. Mais Cicéron est ondoyant et divers : chez lui, l'homme privé est bien différent de l'orateur ou du philosophe. « Les traités *De la Vieillesse* et *De la République*, dit M. Gaston Boissier, contiennent les pages les plus émues et les plus brillantes qu'on ait écrites sur l'immortalité depuis Platon ; mais, en dehors de ses ouvrages de philosophie, il ne semble plus aussi fermement convaincu de cette vérité. Comment se fait-il que ces espérances d'immortalité, si éloquemment exprimées dans le *Songe de Scipion*, ne se retrouvent nulle part dans sa correspondance ? Quand il parle en philosophe, nous l'entendons dire que la vie ne doit être que la méditation de la mort *(vita mortis commentatio est)*, et quand nous descendons dans sa vie par sa correspondance intime, nous voyons qu'infidèle à ses préceptes, il pense rarement à la mort et jamais à ce qui doit la suivre. Ce ne sont pas cependant les circonstances qui ont manqué pour faire naître en lui ces pensées. On prétend que s'il est ordinaire de les oublier dans la prospérité, le malheur inévitablement les réveille. Or, peu de personnes ont été plus malheureuses que Cicéron. Il a vu périr la République ; il a perdu sa fille qu'il adorait, et dans ces moments d'amère tristesse où le dégoût des choses présentes nous précipite vers les choses de l'avenir, on ne voit pas que ces espérances aient jamais ému son cœur. Au contraire, il nous déclare froidement, à deux reprises, qu'il ne faut pas compter que la vie ait un lendemain : « Heureux, dit-il, nous devons mépriser la mort ; malheureux, il nous faut la souhaiter, car il ne reste plus aucun sentiment après elle (1) ! »

On peut en dire autant de Sénèque. Lui aussi, il s'est élevé à des hauteurs sublimes. On pourrait croire qu'il est bien près du christianisme : certains critiques le considèrent encore comme un disciple de saint Paul. Mais ce ne sont que quelques traînées lumineuses dans la sombre nuit païenne. Sénèque est indécis, flottant ; Sénèque consolateur revient toujours, comme malgré lui, à l'idée de l'anéantissement. Lors même qu'on pourrait prouver que sa vraie pensée est qu'il y a une vie future (une foule de passages prouvent le contraire), la vie future comme il l'entend serait une vie qui n'en est pas une, car il refuse à l'homme toute personnalité, une vie incons-

(1) G. Boissier, *Revue des Deux-Mondes*, 15 avril 1865.

ciente, l'homme se confondant de plus en plus avec les éléments, et finissant par s'absorber dans le grand Tout (1). De plus, cette immortalité n'est pas universelle. La patrie céleste est fermée aux femmes, aux pauvres, aux esclaves, c'est-à-dire aux faibles et aux petits (2).

Voilà le dernier mot des consolations de l'antiquité. Elles ne dépassent pas, en réalité, l'horizon de la vie présente ; elles nous laissent enfermés dans un cercle de douleurs ; elles nous laissent inconsolables, avec la seule perspective que la mort nous délivrera bientôt, perspective qui n'est rien moins que rassurante, car l'inconnu nous fait peur. Distraction, dissipation, oubli, d'un côté ; de l'autre, indifférence, passivité, résignation toute fataliste à une loi inexorable, résignation de l'esclave courbé sous une main de fer, voilà bien tout ce que nous y trouvons ; voilà les seules solutions que l'antiquité propose pour le problème de la douleur. De loin en loin, quelques esprits ont entrevu, comme dans un rêve, le rôle providentiel de la souffrance, mais ce sont des suppositions qu'ils ont faites bien timidement ; livrés à

(1) C'est évidemment de cette immortalité *impersonnelle* qu'il veut parler, même quand il écrit à Polybe : « Non reliquit ille nos sed antecessit. » Il nous a devancés, c est-à-dire il est entré avant nous dans le grand Tout. Pas question d'immortalité, mais tout au plus d'une simple prolongation d'existence (Cf. *Ad. Marciam*).

(2) Pour se convaincre de la grande incrédulité de la société romaine à l'endroit de l'autre vie, il suffit de lire les inscriptions tumulaires d'alors. Toutes sont lugubres et froides. Pas d'allusions à la persistance de la vie : « Hæc est domus mea » ; « Non fueram, non sum » ; « Amici, dum vivimus, vivamus », etc.

eux-mêmes, ils ne pouvaient les transformer en certitudes. Il ne faut donc pas s'étonner que Cicéron soupire après des consolations tout autres que celles des ouvrages de philosophie et que Pline le Jeune, plongé dans le deuil, et suppliant un de ses amis de le consoler de la mort de Corellius Rufus, s'écrie dans son désespoir : « Ne me dites pas : il était vieux, il était souffrant ; je sais tout cela : il me faut d'autres motifs, des considérations plus puissantes, que je n'aie entendues, que je n'aie lues nulle part *(nova aliqua sed magna)*. Car tout ce que j'ai lu, tout ce que j'ai entendu se présente naturellement à ma pensée, mais cède à une si grande douleur (1). »

Ces *nova aliqua sed magna*, peut-on les trouver quelque part, ou sommes-nous condamnés à remplacer éternellement, en fait de consolation, une chimère par une autre chimère, un lieu commun par un autre lieu commun tout aussi inefficace ? La consolation, où donc est-elle ? Y a-t-il quelque part pour l'âme qui pleure une raison de se réjouir ?

(1) Ep., liv. I, 12.

CONCLUSION

Oui, l'Evangile nous console, et les consolations qu'il nous apporte sont bien plus simples, bien plus appropriées à notre nature que tout ce que l'antiquité pouvait imaginer : ce sont des consolations divines. Sans doute, il ne répond pas à toutes les questions que nous soulevons dans notre inquiétude et dans notre impatience. Il ne dissipe pas toutes les obscurités, il n'éclaire pas tous les mystères qui étonnent notre faible intelligence, mais il n'y a pas de douleur dont il ne puisse nous consoler. A quiconque souffre, il montre au-dessus de la sympathie humaine, bien faible, bien insuffisante, la profonde sympathie du Fils de Dieu qui comprend ce que c'est que la souffrance, car il a été un homme de douleurs, il a souffert pour nous et comme nous. Jésus ne nous défend pas de pleurer; il nous dit, au contraire : Heureux ceux qui pleurent, car ils seront consolés. La tristesse les conduira à la joie. S'ils acceptent la douleur comme venant de Dieu, elle aura sur eux une action salutaire, elle les détachera de ces biens qui ne sont que pour un temps, pour les amener humiliés aux pieds de Celui dont ils dépendent. L'Evangile apprend aux malheureux qui errent ici-bas, sans famille et sans patrie, qu'ils ont un Père dans les cieux. Il fait resplendir à nos yeux, au-delà des voiles qui nous cachent l'avenir, après cette vie de misères, une existence meilleure, après des douleurs passagères, une félicité sans bornes. Il nous montre, ô mystère sublime ! la plus grande des joies procédant d'un abîme incommensurable de souffrances : le salut est sorti de la croix de Golgotha, la vie éternelle de la mort d'un juste. La mort n'a plus de quoi nous épouvanter, car une réponse a été faite un jour à la question de l'humanité : « Est-il vrai que tout ne soit pas fini après cette vie? » Christ est ressuscité, et nous croyons, avec saint Paul, que Dieu ramènera par Lui, pour être avec Lui, ceux qui sont morts. Voilà pourquoi nous ne devons pas nous affliger comme ceux qui sont sans espérance. Notre être ne sera pas tout entier la pâture des vers. Maintenant nous pouvons inscrire avec confiance sur le tombeau de nos bien-aimés la plus belle des épitaphes : « *Vivit!* » L'Evangile, enfin, nous apporte la joyeuse assurance que ceux que nous pleurons ne sont pas perdus pour nous. Ils nous ont devancés : un jour nous serons réunis à eux dans la patrie d'en haut, où il n'y aura plus ni deuil ni larmes. Un Dieu d'amour ne peut vouloir que ces douces relations, qui font tout le charme de la vie, soient rompues par la mort pour toujours et ne se renouent jamais ailleurs.

Telles sont les consolations de l'Evangile. Ce ne sont pas de froides raisons, des arguments plus ou moins subtils, mais des réalités, une espérance joyeuse, une certitude. Ce ne sont pas des théories séduisantes en apparence et sans valeur dans la pratique. Grâce à l'Evangile, l'affligé courbé sous l'épreuve reprend courage et relève la tête. Il ne se désole plus, mais il accepte, il se résigne, « non de cette résignation stoïque qui n'est au fond qu'un désespoir mal dissimulé, dont l'exaltation passagère ne résiste pas sans terme et sans compensation, mais de cette résignation sereine et confiante qui trouve son repos dans des souffrances qui s'échangeront un jour contre une éternelle félicité ».

Tous ceux qui ont puisé à cette source de toute consolation en ont éprouvé l'efficacité bienfaisante. Voici un grand chrétien, M. Guizot, auquel on peut appliquer ce que M. Gaston Boissier dit de Cicéron. Peu de personnes ont été plus éprouvées que lui. Jeune encore, il a perdu plusieurs membres de sa famille ; il a survécu à presque tous ses amis intimes ; les plus cruelles douleurs ont déchiré cette âme tendre et sensible. « J'ai eu, dit-il lui-même, de grands, les plus grands chagrins possibles dans ma vie (1). » Eh bien ! quelle a été son attitude en face de l'affliction ? « J'ai tout accepté, non seulement sans rébellion, mais avec confiance. Les voies de Dieu ne sont pas nos voies dans notre destinée personnelle comme dans celle du monde ; je ne sais ni le motif ni le but des voies de Dieu, mais je crois en Dieu, et la foi,

(1) Mme de Witt, *Lettres de M. Guizot à sa famille et à ses amis*, lettre 137.

c'est la confiance dans la soumission (1). Je me suis soumis, non pas comme on subit la nécessité, mais comme on accepte la volonté divine, sans révolte intérieure et en restant reconnaissant et confiant (2). » Confiance et reconnaissance dans l'épreuve, y a-t-il rien de plus sublime? Une foi inébranlable l'a soutenu au travers de tant d'afflictions. Il n'oublie jamais un seul des dons qui lui ont été accordés, puis enlevés : sa pensée leur reste constamment fidèle. « Dieu m'a ôté les plus beaux, les plus doux biens qu'il m'avait donnés, mais il me les avait donnés, et j'en ai beaucoup joui, et j'en jouis beaucoup encore (3). Jouir vivement de ses dons et ne pas murmurer de ses coups, c'est toute la vie (4). »

Ainsi, chez Cicéron, un sombre désespoir; chez M. Guizot, une immense douleur, mais une douleur sereine, la douleur de quelqu'un qui attend, de quelqu'un qui espère, la douleur d'un croyant. Cicéron cherche en vain à se consoler par les distractions, l'étude et l'oubli; M. Guizot, lui, repousse l'oubli et les distractions, car « la vraie mesure de la force des âmes est dans la durée d'une juste douleur ». Devant un tel spectacle, en face d'un si frappant contraste, comment pourrions-nous ne pas admirer, dans un élan d'amour et de reconnaissance, ce que nous devons à Celui qui a mis en évidence la vie et l'immortalité par l'Evangile?

(1) *Ouv. cit.*, lettre 126.
(2) Mme de Witt, *M. Guizot dans sa famille et avec ses amis*, p. 249.
(3) *Ibid.*, p. 274.
(4) *Ibid.*, p. 277.

THÈSES

I

La foi dans la résurrection est la seule consolation contre la pensée de la mort.

II

La doctrine de l'anéantissement a pour conséquences logiques le désespoir et le suicide.

III

L'immortalité n'a de prix qu'autant qu'elle assure la personnalité.

IV

La survivance de la personnalité entraîne celle de nos affections.

V

La croix de Christ étant le seul moyen possible de relèvement pour l'humanité, il faut admettre nécessairement que les hommes qui n'en ont pas entendu parler ici-bas seront mis ailleurs en demeure de l'accepter ou de la repousser.

VI

La douleur *morale* avant la chute est inadmissible.

VII

L'éducation par la douleur est indispensable à des êtres qui ont à se régénérer. (Vinet.)

Vu par le Président de la soutenance :
Montauban, le 27 mai 1887.
J. PÉDÉZERT.

Vu par le Doyen :
Montauban, le 28 mai 1887.
CHARLES BOIS.

Vu et permis d'imprimer :
Toulouse, le 29 mai 1887.
Le Recteur,
CL. PERROUD.

www.ingramcontent.com/pod-product-compliance
Lightning Source LLC
LaVergne TN
LVHW020047170826
845678LV00001B/473

* 9 7 8 2 3 2 9 6 9 2 0 1 2 *